CONFESIÓN *en versos*

ALY VALDÉZ

editoriales once

Confesión en versos
Primera edición, 2015

©de la obra:
Autora: **Aly Valdéz**

Publicado por **Editoriales Once**
Miami, Florida

©Diseño de portada: **ENZOft Ernesto Valdes**
©Maquetación: **ENZOft Ernesto Valdes**

ISBN-13: 978-0692251430
ISBN-10: 069225143X

Impreso en Estados Unidos de América.

AGRADECIMIENTOS

A mi familia, quienes han respetado mi inmersión en horas de letras, alejada de sus tiempos.

A los que de forma directa o indirecta me han colaborado en éste oficio maravilloso de hacer libros… Y a los lectores, porque sin ustedes, mi trabajo no sería posible.

Aly Valdéz

LA ESENCIA NUNCA MUERE

Olvida la avispa su tiempo en la colmena.
Miro despavorida la pared que agonizaba,
esa misma que un día la guardara en la tormenta
cuando perdiera el equilibrio sin alambre ni aguijón.

Se quedó sin curvas a falta de caricias
en rumores que perdieron sus colores,
entendiendo el luto de su alma
desde el lejano día que negara al sol.

Sus rayos la vestían, mas traicionó su esencia
pensando que el mar siempre estaría,
cuando lo único que amaba era la sal
que creía cubrían sus alas.

A LUNA Y SU RENCOR

La luna se volvió rencorosa
mirando el desamor que acompaña al jazmín.
Sus dientes no son puros,
probaron el dolor de la vida.

Desgarró su firmeza los tiempos olvidados,
hasta el salvaje te quiero,
llegó al final
de una flor que agoniza.

Señalo quimeras sin versos que secunden su carácter.
Su resplandor duerme
a la orilla de su enojo,
al ver ríos de sangre en lo más puro de la tierra.

CÓMO CAMBIAR EL DESTINO

¿Cómo cambiar el perfil del trigo?
¿O pedirle al corazón que niegue la boca que lo besa?
Sería un estilo perdido en los violines
de un tiempo extraviado en minerales.

Huraña es la piedra cuando traiciona al monte,
viendo la enredadera agonizar en la sequía.
Mas reina la lluvia en las planicies
cuando hace reverdecer el campo muerto.

Imponiendo el mandato de la vida
como la noche al terminar sus horas,
impone el sol en la alborada
igual que racimos silvestres.

AMOR DE DOS

Entreabierto quedó el rayo
partiendo las nubes y la tierra.
Era tu canto en mi follaje,
perdido en un te quiero y siempre tuya.

Son tiempo sin nieve en las alturas.
Alejados de rumores quebrándose en la espada.
Siendo aire desatado en las montañas
de la miel de un día con aves de colores.

Nos convertimos en vida derrochada
a la ausencia de ojos sin costumbres.
Donde amar era el mediodía
de plateados momentos en la nieve.

ESPERANZA EN MEDIO DE LA TRISTEZA

Balanceada es la esperanza en la tristeza,
resplandece en la miel cuadrada de un recuerdo
cuando mira el follaje en la distancia,
a la sombra de un caracol en el sendero.

Sed que crepita ante tus besos
aún cuando la hoja alcanza las alturas,
en una multitud del edén sin sufrimientos
donde se divide la traición con un susurro.

PARA QUÉ NEGAR QUE TE AMO

Para qué negarte un te amo si te amo.
No sé de qué modo hablar sin que tú estés,
eres la llave que cierra la desdicha
de un camino que a tu vera agoniza.

Soy tiempo de tu tiempo en un beso,
te amo en el silencio de la aurora,
sintiendo la dicha que asusta al frío
cuando mira resurgir la primavera.

Tu canto es mi canto en el modo de un sonido
que sólo el alma entiende en su flechazo.
Eres el brío de unos ojos que viven
en el azul de un horizonte que tu amor pintara.

DEJEMOS EL PASADO EN OLVIDO

Olvidemos el ayer,
dame tus dedos en esta aurora.
Es sueño en espiral que ahora nos toca
donde un ojo acaricia la quimera.

Es cielo y tierra que sus alas abre
a un vuelo que la esperanza inicia,
es tu beso en mi piel nocturna,
que roza las ansias de un beso en la luna.

Tiemblo en vertical con un suspiro
que roba mis sentidos en tus brazos.
Es un te quiero diurno en tu regazo
cuando juntos vemos irrumpir el alba.

SOMOS SÓLO CAMPANAS

Es mi risa según tú, halcón en vuelo,
tú eres diamante en mi reposo.
Eres cielo que alumbras las abejas
yo soy mariposa que electriza tu tablero.

Hemos sido campanas sin estirpe,
atravesadas en un celeste calcinado.
Hemos sido tiempos sin estrellas
en una ópera que todos pensaron que acababa.

PERDIDA EN EL OLVIDO

Pronuncias sílabas sin verte
olvidando tu raíz de olvido.
Convertido en un sol sin estrellas
de un fruto transformado en falsedades.

Tu boca es sustancia muerta,
otorgada a la delicia de un recuerdo
que murió de sed en busca de tu brío,
de tanto desandar en los follajes.

RECUERDOS

Escogí de los ríos el más pobre,
uno que perdió su cabellera en la alborada,
dividiendo mi cuerpo en la esperanza
de un temprano en un sol verde.

Es salvaje el recuerdo de su cauce,
era mi rama indivisible de una noche
donde sin patria me quedé en olvido
de una palmera que cortó mis hilos.

YA NO ERES NADA, SÓLO OLVIDO

Esas manos que satisfacían la cepa
son agua que no despiertan ni a la tierra,
trabajan sin florecer a una caricia
donde perdieron claveles a falta de su naturaleza.

De tal modo que mueren aúnpronto, sin respuesta,
porque no desprenden animales que fecundan las pasiones.
Hasta mi corazón rehúsa ser bosque
por temor a los glaciales que provocas.

NUEVO AMANECER

Tembló el mes a la luz de un nuevo día
donde el alba se mojaba de esperanza,
era atreverse a alcanzar lo que se olvida
cuando los segundos ofrecían el minuto.

Fue el abismo vencido en la tormenta,
en un mausoleo sin dones y sin piel.
Intactos estaban los besos ofrecidos
a un sol que en tus dedos agoniza.

Atormenta tu recuerdo al silencio,
sin una boca que hable de alegrías,
en medio de una espiga devorada
por un iba que sin flores se quedara.

EL VINO Y SU ECUACIÓN

Este mediodía perdió su tiempo
en un vino agridulce sin ecuación.
Es desdicha confundida con duraznos,
en tiempos que precisan de frutos con límites.

En una arena que arde dividida
por un alma que era fresca y agoniza,
a la intemperie de lágrimas que colman
la copa amarga de unos labios en el viento.

ATARDECER SOMBRÍO

Aquí está la vida con su atardecer sombrío,
en su uva hambrienta llorando en la colina.
Agua mansa buscando el arrecife
de una palabra con honor que salve.

Mujer sin vino quemada en sus miserias,
preparando pan sin canto en su cocina,
brusco llanto en la integridad de una familia
que agoniza en un reposo sin esperanzas de su hombre.

Hombre perdido en un sistema
que justifica la ausencia de los vuelos dorados,
perpetuando sus días en la noche,
olvidando que existe una alborada allá en los cielos.

POETA SIN MUSA

Pobres días que hoy se pierden,
en el llanto de un poeta que perdió su verso,
al ofender su pluma en la desesperanza de un día,
arrugando su pergamino con lágrimas sin boca.

Era su canto el orador del tiempo,
más renegó su esencia y ha enlutado el alma
que yace tendida en un funeral ausente,
intrusa de minutos arrogantes.

Era ese verso el oropel en mis silencios,
donde cabalgaba en festines sin miserias,
ahora me quede perdida en mi secreto,
gobernada por pavos sin memoria.

DESDICHAS

Desdichas toman vida,
si le niegas a la torre el atributo,
de una sonrisa con banderas y conquista,
del movimiento que vigila la marea.

Son los muros
de los tiempos, siempre iguales.
Cambian las cucharas en los techos
pero todos por su nombre las conocen.

El amor, aunque herido, siempre es el mismo,
cuando habita en un alma pura y sin calzones,
siendo ojos de túneles sangrientos...

OCASO

Con sus dolores llegó el ocaso,
estático en un cerro que no gira.
No esperé sentir la culpa de este llanto
en un camino que creí miel en la herida de una ola.

Era piedra sin luz en primavera,
consagrada a una herida con espinas,
cerrando mi mirada a la esperanza,
ante una estación que enmudecía.

¿Dónde están las manos que ayer me sostenían?
Las promesas ausentes en la sombra
de una piedra que hoy rompe mis silencios,
viéndome en el rayo del olvido.

TIEMPO

Entre corbata y tiempo
perdiste el sabor del beso,
era tan fácil como decir lo siento,
pero le faltó luz a tu energía.

Perdido en la ventana taciturna de una escucha,
aprisionas la esperanza de una noche
en antigua travesía de recuerdos
que habitan sin verte en tu casa sola.

Te espera el alba, mas no avanzas...
¿Dónde está esa nota que tu corazón cantara?
Avivando las costas de tu alma
donde con melancolía agoniza una quimera ausente.

AMIGO

Entre horas y tiempos funestos,
hemos desandado la vida con singular somnolencia.
Temblando en la misma fiebre, con fantasmas sin cáscaras,
como campana fija en una ronquera.

Cubiertos por un espejo de ebrias ausencias,
pero respirando siempre el aroma de amistad que
calma nuestra sed,
perdidos en noches melancólicas.
Viendo danzar flores sin tierra
hemos vivido nuestra tregua.

La confusión de camellos arrogantes no nos roza,
somos profecía de un periodo sin ruidos,
azotando lenguas sin sustancia,
que quisieron perdernos en algún camino.

Somos galope en movimiento
de una verdad que nadie entiende,
al desconocer el sabor
en la pureza de una palabra.

Tú y yo, amigo en infinita respuesta,
nos convertimos en huésped de una mañana
donde es posible superar el suelo
con tan sólo una mirada.

AUSENCIAS QUE DUELEN

Sentí el frío de la ausencia aquí en mi pecho,
alejada de tus besos en frío barro de un deshielo.
Muerte sin olas que me acosa
en el vacío de una puerta ajena.

Creer en treguas siendo testigo de tu muerte,
perdida en un libro que me niega su tesoro.
Tan sólo busco tu mirada en la distancia,
en una sombra sin rostro que no llega.

MÁS ALLÁ DE MI MUERTE

Cuando muera, quizás,
quizás alcance a ver el trigo desde tu mirada.
Aunque prefiero ser luz de algún destino
donde mi estirpe crezca en la frescura de un camino,
junto a las cosas que ame, aunque dancen con el viento.

Alcanzaré entonces un amor ordenado,
alejado de sombras, que encontrará su esencia en el eco
de la violeta.
Porque floreceré más allá de la razón,
deambulando en sueños que seguirán mis pasos.

SE DETUVO MI PLUMA EN UN CAMINO

Esta pluma árida en este tiempo muerto,
no distingue manos, ha olvidado el verso...
Es trigo sin azadón que su cuerpo acaricie,
se olvidó ser naranja en medio de goteras.

El alma llora en interminables horas
espera al poeta para que cuente sus penas.
El bardo se quedó sin rostro, ajeno del polvo que lo
inspira,
son racimos en la tierra que se han quedado sin uvas.

¿Regresarán?... No sabe...
Quizás aparezcan en ávida ausencia,
mas hoy sólo espera a que llueva.
Poder ver las golondrinas.

DESNUDEZ

Esta desnudez ajena,
transparente y mínima en la manzana
que se enreda en el amarillo de un recuerdo,
en la delgada esperanza de la amapola.

Es como avanzar en un túnel deshojado
con la quimera lisa en el alma
tratando de clavar las uñas en algún verano,
donde el corazón en curvas quizás resplandeció.

¿Y AHORA QUÉ?

¿Qué te hiere? ¿El amor que ahora me toca?
El veneno de tu tiempo ya se ha ido,
agoniza en un adiós,
dirigido por espasmos de laureles que mi rostro acarician.

Eres el odio en su semblanza,
acechando cualquier sueño que ayude a florecer violetas.
Es amargura que tu paso deja,
rompiendo con dagas la esperanza.

Hoy río de la mueca que vistiera
el corazón y el alma en tus rencores,
donde ahora (cojeas) con mi ausencia
sintiendo que la luna te ha ocultado las estrellas.

TE AMO

Te amo en secreto más allá de las sombras.
Te amo quizás en un tiempo irreal.
Donde la madreselva acaricia al rocío,
en un mundo que gravita sin amnesia.

Separada de ahora sin mañanas
donde los sueños, sin detenerse vuelan más allá del sol.
Acariciados por la brisa de una vida
que a ciegas cruza muros para disfrutar la primavera.

DESORIENTADA EN UNA NOCHE

Se ha dormido la noche en esta aurora,
sol fue virtud perdida en las manzanas,
de un tiempo desconocido en las fronteras,
de un trigo creado por tus ojos.

Era mi corazón territorio de unos besos
que quedaron en el aire en sus racimos,
alejados del volcán que un día soñaran,
perdidos en una calle sin sentido.

FIESTA EN EL PONIENTE

Hay fiesta en el poniente y me aviva el alma,
es una noche mágica en unidad suprema.
Me ha acariciado el rostro tomándome las manos,
abriendo así las apretadas ventanas.

Ha escapado la tristeza que no tenía palabras.
Es un golpe lejano que devolvió mi capa
la que siempre ha cobijado las estatuas
en pedazos de soles, allá en los cerros.

Voy avanzando lento en la certeza de un tiempo
que cambié por monedas en una ausencia ajena,
cuando el azul caía
iluminando mi experiencia.

HOY ESTÁS AQUÍ

Este camino de estrellas sin peces
juega sutil, con el universo,
con sus manos en aprieto.
A nadie le tenderé el humo amarillo
que escribo al recordar cuando existías.

Aúlla la ventana que se cerró en sus sombras,
de tanto esperar tu llegada...
Huye la lluvia del viento y de los pájaros,
porque me siento ovillo de una desvestida barca.

Tú estás aquí en una forma extraña, donde no
puedo luchar,
es un temporal amarrado al cielo, galopan las ciruelas
tristes donde dolió la costumbre,
de madreselvas perfumando mariposas.

Mi alma salvaje es un abanico gigante
pero añora que renazcan caricias
en el universo nácar de una montaña verde
donde juegas todos los días rodeado de flores.

DECISIONES

Llego la hora de continuar o detenerse,
ahora simplemente emerge el río
con su canto claro mostrándome una senda
donde se acumulan los escombros de los años.

Me quedé en la lejanía y aunque suene extraño,
no sé si alegre o triste.
Quizás sea naufrago de una niebla descubierta
al perder mi faro, presa de un deseo
que se volvió ciego de una alada herida.

Se me fue la infancia tumbada en la muralla,
en la humedad de un canto que albergué en un vaso
cuando era la hora de evocar un acto.
Me he quedado en trizas de una isla callada.

AÑORANZAS

He olvidado dónde quedó el frío
en el cementerio con sus tumbas
o en una boca que se trenzó sin besos,
por no morder los racimos de una cópula loca.

Ahora quisiera poder tumbar,
las olas que guían la corriente,
pero es pálido el periodo...
He olvidado el muelle que lleva a la aurora...

PASADO, PRESENTE EN UN SUEÑO

Recordando tus arrugas en tu mirada frágil,
me he sentido niña recorriendo el parque,
cuando temblaban los crepúsculos en desigualdad de
tiempo,
desenterrados en la ternura polvorienta.

Estaba tan lejos de la calleja muerte,
las cordilleras no contaban heridas
porque era arena en un hemisferio azul,
ahora soy humo que oscila en la fragancia del limón.

Sujeta a reglas que guían a la tierra,
donde cicatrices destruyen las arcillas
de antiguos hilos dorados
que sembraron algún día la semilla en el cristal.

BUSCANDO LA VERDAD DEL VERANO

Admito que en sigilosas noches he dormido
entre goteras en medio de un granero.
Por creer que el verano había perdido el brío,
cuando era yo la que me pegaba a la costura de la espada.

He sido llanto en un estertor extenso
por no mirar los puñales del rocío.
Me quedé en un océano plagado de algas
al querer ser sollozo de un hueso.

Hoy veo los sueños en su origen, los siento míos aunque
un sonido ajeno los alejó de mi carne.

¿QUE QUÉ QUIERO?

¿Preguntas qué quiero?
Te pido silencios,
es una costumbre silvestre que me acaricia el rostro
cuando el corazón clama por fuerzas.

He vivido en interminables horas ausente de sonidos
acariciada por liras que me hacen vivir,
esa es la luz que me guía a la primavera
donde llego a lo sonoro de la tierra.

No tengo que pedir permiso
para habitar en este pozo
donde el agua baña las estrellas
que rompe lo oscuro del campo que ciego.

ME SIENTO AUSENTE

Se acaban los días y se mueren los besos,
me siento ausente, me encuentro en tu mirada.
Es tu gesto cautivo, mi vida que muere...
Cansada en anhelos, vibrando encendida.

Guirnalda de un ansia que gravita en mi pecho,
caricia anhelante que me embriaga a la luz de una sombra.
Ámame en triunfos alejado de fiebres,
negándole fuegos a horarios incautos.

Extingue, aprisiona al látigo estéril.
Ámame en la voz que deambula en los vientos
cuando un hilo rueda por no hacerse astillas,
no quiero ser la marea de llantos y cerros.

Exterminandome sola, abandonada al espanto
en un nido que cae,
por no sentir el roce
que mana del árbol.

DEJA TU NIÑO RENACER DE TU INTERIOR

Escucha tu niño... Yo escucho al mío...
A ese que juega en tus venas y las mías,
amarrado en el alma, buscando la tierra,
armando una lágrima, buscando una boca.

Donde se ama el amor del marino,
en la libertad de una espera que asusta a la muerte,
porque besan y vuelven buscando la noche
que guarda la voluntad de amar.

Sin promesas que aten a los puertos,
hablando de amores aunque sean fuga,
lo que cuenta es el pan en la cama,
ese albedrío que endulza miradas.

CANSADA DE UNA VIDA DE FALSEDADES

Me jode esta vida de comediantes
donde unos alaban a Dios por conveniencia
y en las noches cenan con Belcebú,
sin importar si es cierto o tan sólo un ademán.
Hoy nos convertimos en estribillo de algún eco
que quizás en su esencia pura se le nombró valores.
Me jode la tendencia del hombre
en su fundamento incierto.
La palabra se quedó sin espinazo
aún cuando algún pobre la quiere hacer valer.
Porque para nadie es menos cierto,
que el verbo del rico es el dinero
resguardado en su estuche de poder.
Hoy no estoy segura de sentirme segura,
en un mundo inseguro donde los clamores
son testimonios secretos que quedan atrapados
en algún confesionario carente de méritos.

TU ROSTRO AÑEJADO

Tiene tu rostro el añejo de los tiempos,
transportan tus arterias
el negro de los dolores
sepultado en tus memorias.

Vive la frescura de tu niño en tu mirada,
el aroma de los bosques ilusorios habitan a tu amparo,
sintiendo el resurgir
del mar en tus colinas.

Coronado por pétalos sombríos
que hoy recuerdan su pubertad en la madera,
donde un día olvidaste la miel del monte
por construir un mañana ya vivido.

EL MUNDO CLAMA CLEMENCIA

Me llega tu olor a laurel en un tiempo que la tierra
confecciona su fragancia,
donde faltan coronas en mercados
porque cierran la sangre en raíces muertas.

El corazón de la paloma agoniza
mirando el hambre con desdén en el rocío,
por niños que mueren sin ciruelas
a falta de alcancías que cubran sus heridas.

Donde los besos se borran con las lágrimas
de una madre que hoy mira su preñez como castigo,
a causa de un latido
que la miseria ha dejado inerte.

Racimos de tristezas se desplazan
quitando la alegría de los campos
donde el zorzal ocultó su canto,
vistiéndose de luto con los años.

Dónde quedaron las ciudades que bailaban,
sin importar si eran piedra o barro sus senderos,
donde el amor siempre reinaba
manteniendo los temores prisioneros.

SENTIMIENTOS SIN ARGUMENTOS

Se siente el día como tren en carretera,
zumba como enumerando horas
de una cascada que agotó su líquido,
de una risa que se quedó sin gorjeo
en una palmera a la orilla del camino.

Son mis sentimientos que no tienen discurso.
Se cansaron de apelar a las piedras en las higueras.
Son dudas que recorren los destinos
de tiempos de hojalata.

Es un llanto que consume a los leones
en horas sigilosas sin bocinas,
es mi invierno donde comencé un viaje,
de caminatas trabadas en un telegrama
que nunca alcanzaron su nube.

Ahora escribo en los labios de un verde sin voz donde
murió él pastor que silbaba en los pulmones.
Era el verbo que luchaba en su sonata
sintiéndose Homero de un tiempo que hoy acaba.

INVIERNO DESNUDO

Se desnudo el invierno ahuyentando los besos
de una noche creciente.
Mientras el amor volaba acompañado por madreselvas a
la luz de una vida que recién florecía.

Se quedó el te quiero en un muro crepitante
donde la primavera se alejó buscando nido,
al sentirse piedra de un mar que la llamaba.

Quizás olvidamos desvestir el alma
en un dormitorio que a escalas agonizaba,
al perder la miel que brillaba en la mirada
por culpas que no cuentan cuando no se reconocen.

TÚ FORJAS MIS CAMINOS

Diminuto es el suspiro en el brillo de un beso,
convirtiendo en cera el leopardo que corre
en medio de reptiles alcanzado por sueños,
del perfume que acaricia la espuma en el tiempo.

Tú eres tierra y mano forjando caminos.
Quizás mi senda me lleve a tu caligrafía
regalándome tu boca extraviada
en medio de escaleras y amores.

EN MI VERSO VIVO

Vivo en el parpadeo de un verso
con un poema que me dice quién soy.
¿Quién diría que con la poesía compartiría mi vida?
Obsequiándole mis secretos más profundos.

Hay deseos que habitan
en lo más interno de una metáfora,
que prometí cumplir aún cuando no sigo una métrica.
Ella sabe que no son simples fábulas sin rostro,
ella entiende cada letra en sus fantasmas.

A veces mi corazón vuela con palomas
olvidando el diluvio en la realidad del sueño,
es justo cuando alcanzo el confín del árbol
sin destrozar sus nidos y sus frutos.

Son verdades a puño que me hablan
cuando encierro el duelo de mi llanto en un papiro.
Cuando puedo afirmar, este poema es mío
porque está escrito con la melancolía de mi abandono.

TE OFREZCO MI VERDAD

Quiero hacerlo... Quiero regalarte mi certeza.
Quiero me des tu palabra en una flor.
Quiero juntemos nuestras almas
en duelo directo con la soledad.

Debemos ser tú y yo en esta aurora.
Es importante que alcancemos el amor.
No hay destino sin confianza,
no existe llama sin unión.

LIBRE

Añoro gravitar en un horizonte sin horas,
descifrando las minutos en el mar
dejándole a la vida la confianza
que me asegura el mundo en su esplendor.

No quiero dudas que malhieran la esperanza,
creadas en la falsedad de un cabeceo,
donde espera un ejemplo lisonjero,
ser rescatado de las sombras.

Quisiera estar repartida en la puesta del sol,
renaciendo en amaneceres rosados,
alejada de imposibles errabundos
que me alejan de tus brazos y tu amor.

DESENCANTO VETE DE MÍ

Desencanto, es hora que te vayas...
Has sido mi huésped, yo fiel anfitriona.
Te he rendido pleitesía siendote leal.
Pero tu manía de imponerme el pesimismo ya me agota.

No quiero más ese pasado que te empeñas en hacerme
recordar.
Eres un malhumorado sin idilio,
sólo amas las ruinas en las sombras
con tu metódica tristeza vestida de amargura.

Ya sé qué vas a decirme...
Que no tengo razones para la alegría.
¿Crees que con los años no he aprendido a conocerte? Te
empeñas en mostrarme lo feo de la vida.

Pero no es mi intención convencerte.
Sólo quiero que te vayas...
Sin importar quién tiene la razón.

VOLUNTAD PREVALECE

Hoy permitiré que mi voluntad gobierne,
cerraré los ojos del hastío
dejaré me guíe por los sueños.
Seré tan pequeña que me podrá llevar muy lejos.

Invocaré al optimismo con mis ansias,
de un mañana lejos de mis debilidades.
Consiguiendo un latido que me mueva
más allá de las sombras sin sonido.

FANTASMAS SIN DESCANSO

Están los fantasmas de mi isla
desconcertados en algún punto.
En ese punto ciego donde fueron desplazados,
buscando timbres en viejas azoteas.

Se olvidaron explicarles que su muerte
fue ocasionada por temblores de palabras,
que asustaron al pájaro en su árbol
porque se siente dueño de las sombras.

Cuando empezaron a crear los espejismos,
de un futuro sin promesas retorcidas,
mostrando las nubes con trocitos de colores
en un humo que pasa desapercibido.

Así cavaron sus tumbas,
extraviados en preguntas sin respuestas,
donde la brújula que a la libertad guiaba
los dejó vagando en su sentencia.

QUIERO VOLAR EN EL VIENTO DE VERANO

Esta tarde perdida en su asteroide,
en la red de un viento que le chupó su sangre,
en guerra de nostalgias pérdidas en el trigo
de una noche que se negó a ser grano.

¿Por cuál lección me he convertido en llanto?
¿Por qué me negué a los violines y su canto?
Cuándo mis labios llamaban la alegría.
Negándome el dolor de días lejanos.

TE ALCANZARÉ MÁS ALLÁ DE MIS SUEÑOS

Me perderé en la torre más alta de tu cielo,
allí donde el halcón emprende el vuelo.
Andaré en el follaje, alcanzaré el relámpago
encontrare mi estirpe que vuela en el rocío.

Buscaré en el sol las campanas con tu nombre,
aunque muchos digan eres estrella sombría
en una noche sin claveles ni historia.
Me regocijare en tu risa...
Esa que rompe mis silencios.

Porque tú te has convertido en mi tiempo,
electrizando los días que morían en penumbras,
cuando todos ignoraban la nube en mi mirada.

MIRAR MÁS ALLÁ DE LA NIEBLA

A veces se olvida la luz que incita al día
o tan sólo se ignora mirando el mediodía.
Se pierden por ello las flores en el río
por negarnos a ver el dorado de las piedras.

La mañana tiene su origen,
el sol siempre la acompaña.
Seguida por la noche y las estrellas
que la incitan a brillar.

Entonces seremos... Porque somos ráfagas de un tiempo
que hoy nos llama a amar.
A amarnos sin segundos que marquen un minuto.
Porque somos libres como las rocas en el mar.

VER TODO PERDIDO

Sentí querer morir, sentí ser hielo
En un mundo sin noches plagado de tristezas.
Fundado por ausencias de un amor ajeno
que más allá de ser liebre creí amar.

Llegaste con tus ojos tanteando soledades,
derramando esperanzas
donde sombras giraban en espiral.
Volviéndome segundo de soledades ciertas
donde una ola baila a la puerta del sol.

QUÉ HACER CON ESTE DOLOR DE NO TENERTE

¿Cómo tonificar este dolor de no tenerte?
¿Cómo correr en este viaje sin que duela?
Todos me aconsejan que ignore tu retrato,
cuando eres recuerdo perpetuo en mi mañana.

Son las vísceras que pican en tu ausencia,
en la dificultad de sentirte en mis tendones.
Sintiéndome mortal ante la muerte
de un amor que se esconde en el olvido.

ILUSIÓN VEN A MÍ

Si tan sólo la esperanza me tocara,
soplando este miedo que me embarga.
Quisiera ser paloma en medio de llamas
sin importarme los relámpagos abiertos.

Como decirle al llanto, vuela al viento,
si gravita en mi esencia como ola maléfica,
prolongando la herida que sin besos
se ha quedado a merced de los buitres en el tiempo.

MARINERA DE LA ESPUMA

Me he sentido marinero de caracolas y sirenas
en un mar roto por lamentos,
donde la furia de la espuma llora sangre
desestimando el grito del pájaro en el aire.

Se prolongó el son de maléficos designios
convirtiendo el ocaso en mi morada.
Alguien venía en mi rescate pero perdió su vuelo
en la tristeza del ciruelo y la botella.

SE ME TERMINAN LAS MONEDAS

Se me van terminando las monedas,
cada día, cada minuto, cada segundo,
comprando el aire que alimenta mis pulmones.
Trato de ahorrar, mas mi saldo disminuye.

No derrocho pero a cada instante soy más pobre.
Mientras la muerte sin esfuerzo se enriquece.
No necesita oxígeno, se alimenta de la nada.
Entretanto en bancarrota yo agonizo.

CRECE LA POBREZA COMO HIEDRA

Aquí estamos consternados,
viendo con vergüenza la pobreza como cuadros
adornando casas, alamedas, mercados...
Escuchando los hambrientos estómagos gimiendo.

La palidez en la cara de los niños enmudece
el canto del sinsonte en su vuelo.
Es la rigidez en las manos de quien firma
el destino ametrallado del obrero.

La vergüenza que se queda en los silencios
de las voces que sin eco agonizan
en una agarrotada burocracia
que deambula sin futuro en una botella.

SOLIDARIO

Me pregunto...
¿Qué es ser solidario?
¿Será ser amistoso... fraternal?
Es que siento que se ha perdido la respuesta en los olivos.

Se han perdido los amigos en los sauces.
Quizás se han llevado la respuesta en sus angustias.
Olvidaron escribirla en algún camino
negándonos la hermandad de la ceiba.

Nos hemos quedado sin parques que miren con pureza,
hasta el aire se ha contaminado de apatía
dejando que florezcan los rencores,
negando la fragancia del perdón.

La lengua es látigo que acaricia las espaldas,
ha negado su entereza y su valor.
De tirria se ha vestido el cielo,
el hombre ha olvidado su misión.

AMOR ESPERO TU ARCOIRIS

Amor, es hora que te acuerdes de tu tiempo,
vueles por el cielo regando tu arcoiris.
Extermina el dolor y los rencores.
Viste de azul el firmamento
desplazando el gris de la avaricia.

Predica con tu ejemplo la palabra
quitando la muerte de las lunas.
Es una lástima cuando te busco en las flores
y sólo me has dejado espinas.
Convertido en una manija sin verdades.

¿Dónde está tu oído escuchando la súplica del pobre?
¿Qué olvidó la mesa donde soñó alimentar un hijo?
¿Dónde quedó la dulzura con que vestías las voces?
Ahora esas mismas notas sólo emiten alaridos.

Viste de rosa el huracán
reventando las nubes con tu lluvia.
Danos la sorpresa de haber vencido al odio
con esa sonrisa pura que sólo mana de tus labios.

ESCRIBIRÉ ESTE VERSO EN SECRETO

Escribiré este verso,
escondiendo con él mi agobio.
Lo sepultaré en una botella
que lanzaré en una playa.

La guardarán sus olas,
la acariciara su espuma,
y quizás una noche una sirena errante
le cantará algún canto.
Vagará distante con mi dolor de ausencia.

Pasarán los años,
arribara entonces a una arena desierta
donde descansarán mis sueños,
sin importar que ya esté muerta.

EL SAUCE Y YO

Miraba ese viejo Sauce dormido en el jardín,
sus ramas pendían despreocupadamente,
y me sentí tan lejos de su mirada alegre
que me creí insecto volando en un tranvía.
Él ha vivido abajo, arriba sin requisito previo.
A su tronco viejo nadie ha podido robar sus sueños.
Su corteza lo resguarda con sus puños.
Cada amanecer los pájaros le dan los buenos días.

El aire, su amigo incondicional,
le guarda sus secretos más allá del tiempo.
Su copa es un túnel lento.
Que disputa con las nubes para alcanzar al sol.

Siempre está dispuesto a vivir en estaciones,
para todas tiene una risa
acompañada de colores que adornan el césped.
Nunca lo he escuchado quejarse, cuando sus ramas se
quiebran.
Retoña con más fuerzas, nos regala su mejor gama.

Nunca sé cuándo está triste,
pasarán sus penas igual que la corriente de algún río.
No sé si recordará cuando fue un pequeño arbusto
o si alguna vez alguien le regaló un te quiero.

Quizás aprendió con el tiempo
a cobijarse a sí mismo a la sombra de sus ramas,
obsequiando flores cuando la lluvia acaricia su rostro,
recordándole que ya llegó abril.
Ahora me quedé prendida a su silencio nato,
preferí quedarme atada a su fantasma
donde me siento viva
cubierta por su amor.

ÍNDICE